KÖRSBÄRSTRÄDET SNÖAR

Teckningar och dikter 2017-2018

Av Kicki och Gunnar Lidén:

Ett dussin russin 2007
Sånger från balkongen 2014
Grekiska Livstycken 2016

Av Gunnar Lidén

Under tamarisken 2016
Grekisk sallad 2017
Halvt kilo rött 2017

Omslag och grafisk form: Gunnar Lidén

© 2018 Gunnar Lidén, texter och teckningar
Förlag: BoD – Books on Demand, Stockholm, Sverige
Tryck: BoD – Books on Demand GmbH, Norderstedt, Tyskland
ISBN: 978-91-7785-611-5

Kulturstugan
Olsätersgatan 116
65468 Karlstad

gunnar@kulturstugan.se
www.kulturstugan.se

KÖRSBÄRSTRÄDET SNÖAR

Teckningar och dikter

2017-2018

GUNNAR LIDÉN

KULTURSTUGAN

Innehåll

Förord

Körsbärsträdet snöar handlar om att komma hem och längta ut igen. Det är lättare att resa ut än att återvända. Det går inte att återvända till det som var när vi reste iväg. Det som var finns inte kvar och jag har förändrats under åren utomlands. Nostalgi är känslan av hemlängtan. Nostos – hemland och algos – smärta. Och det är så det känns. Jag längtar efter att mitt gamla hemland ska vara som när jag reste. Men så är det inte. Landet, jag själv och mina drömmar har förändrats. Allt är annorlunda. Jag kan resa tillbaka men inte återvända.

Körsbärsträdet snöar handlar om hur det är att ha bott utomlands och hur det är att komma tillbaks. Det bor en nomad inom mig som vill vara på väg. En urkraft inom oss drar oss till platser där det finns liv och rörelse.

När körsbärsträdet snöar samlas drivor av vita blomblad på altanen. Sommaren har bråttom att visa skönheten för grannarna som ibland önskar att det alltför stora trädet borde huggas ner och ge plats för sol och vind.

Karlstad i november 2018

Gunnar Lidén

Prästkläder

Jag hälsade på i verkligheten
när jag förrättade begravning
för en gammal vän.

Det är svårt att klä sig
när dräkten är lånad
och livet känns för trångt.

Många kända ansikten
såg på mig med allvarliga miner.
Tiden stod stilla en stund.

Vi liknar våra föräldrar
i kroppens lutning
och munnens leende.

Osäker om jag stod inför
en gammal skolkamrat
eller hennes mamma.

Förr eller kanske senare
blir håret vitt på oss båda
och kläderna blir för stora.

Biltema

Biltema kvart i fem en tisdagseftermiddag.
Herrar i citrongula jackor
tar en billig fika i affärsentrén.
Doften av kaffe blandas med parfymen
från skruvdragare och cykeldäck,
spolarvätska och eldosor.

Män får en skärpa i blicken
och jaktinstinkten väcks till liv
vid ingången till Biltema.
Här finns allt det där som saknas
i garaget och verktygslådan.

Ett fyramillimetersborr
som alltid är på rymmen.
En plastgolvmatta till bilen
för att hantera blötsnön.

Herrar i citrongula jackor och byxor
på väg hem från jobbet,
behöver en boost innan middagen.

Klockan fem står trafiken stilla på E18.
Bilköer vid avfarten till Arvika.
Kaffestunden i entréhörnan
får gärna ta en halvtimme
tills livet lossnar igen.

Stavgång

Färska vingliga cykelspår i snön.
Trött hundägare halkar i modden.
Nattens blötsnö ligger kvar,
ingen har skrapat eller grusat.
Sörjan smälter nog bort under dagen.

Går banvallen ner mot Kroppkärrssjön.
Fötterna letar grusfläckar och fäste.
Stavarna håller axlar och rygg igång,
ökar pulsen och värmen i kroppen.
Höger knä känns ovanligt bra idag.

Spanarna i P1 pratar på i lurarna.
Går och skrattar för mig själv,
försöker att inte störa min omgivning,
behärskar och nollställer mig.
Vill inte möta okända med ett garv.

Finner nya gångvägen vid sjön snöfri.
Ökar steglängden och farten.
Möter cyklister som håller sitt spår,
liksom jag håller mitt.
Dagens drama; att se vem som väjer.

Bassängen

Som fisken i vattnet trodde jag.
Men hur lär man en fisk att cykla?
Och hur lär man en cyklist att simma?
Allt jag lärde mig som barn
försöker jag nu glömma.

Nu ligger vi där och plaskar med benen,
inte som grodor men som fiskar.
Försöker hitta rytmen och vattenläget.
Vrider axlar och sträcker ut armar,
blicken i vattenlinjen snett framåt.

Och mitt i alltihop behöver jag andas.
Lugnt och fint säger instruktören,
slappna av så flyter ni bättre.
Det är mycket att hålla reda på.
Huvudet är fullt och kroppen trött.
Vi slutar med avbad i valfritt simsätt.

Jag minns barndomens simskola.
Badbussen kokade av simmare
som längtade ner i insjövattnet.
Då visste jag inget om insimning
och hade aldrig hört talas om avbad.
Och allt däremellan var fullt
av aldrig sinande energi.

Uppfinnaren

Innovation Park fredag morgon, frukostmöte.
Caféet surrar av möten, samtal och porslin.
Jag gör en smörgås och häller upp kaffe,
slår mig ner vid ett bord, undrar var jag hamnat.
Jag hör till dem som är med i Startlab.
Nya projekt som ännu inte har etablerat sig,
och planerar att starta upp en verksamhet.

Uppfinnare pratar med marknadsförare,
designers pratar med ekonomer,
tekniker pratar med finansiärer.
Nya ansikten och nya idéer blandar och ger.
Några har kontor och andra har nyss kommit in,
ett kreativt kluster av entreprenörskap.

Nya deltagare anländer till frukostmötet
koppar diskas och kaffet tar slut.
De erfarna vet hur man laddar maskinen
med filter, kaffe och gott morgonhumör.
Ingen tycker det är konstigt att man är ovan.

Knyta samman

Snö ligger fortfarande kvar i skogen.
Långfredagen svepte in oss
i ett undanstoppat vintertäcke
som vi hade bytt till blommiga lakan.
Vinterdäcken hade vi tagit av
och vårkappan hade kommit ut
ur vinterns mörka garderob.

Våren tog en paus på Annandagen,
vi sammanfattade påskens händelser
och knöt samman det som varit mörker
med det som blir till i morgonens ljus.
En väntans paus är nödvändig ibland,
för att få överblick och se helheten.
Hur blev det så här, och vad kommer efter?

Den 23 november 1959 skrev jag i boken
för scoutproven som jag klarat av:
"Kunna slå råbandsknop och dubbelt halvslag".
Jag lärde mig knyta samman två rep,
så att knopen skulle hålla för all framtid.
Samma dag lärde jag mig hur man hittar vägen.
"Veta hur de fyra internationella spårtecknen ser ut".

Då var jag nio år gammal och ville lära mig
hur man knöt samman snören och fann vägen
där den stiglösa skogen var ett universum
och en koja byggdes av rep och pinnar,
vägen bestämdes av spårtecken och stenar.
Allt kunde bli till och inget var omöjligt.
På annandag påsk knyter jag samman det som var
med det som blir till när skogen snart är snöfri.

Religion betyder knyta samman.
Inte visste jag då när jag var nio år
att detta var den viktigaste kunskapen
för att överleva som människa.
Jag bär alltid ett snöre i fickan,
och håller ögonen öppna för spårtecken
som någon har lagt ut i väglöst land,
där långfredagens snöfall utplånar
de gamla kända stigarna.   23

Söders höjder

Det kommer en tid när
gamla stigar kan vandras på nytt.
Smala gator på Söders Höjder
synliggör det gamla och det nya.

Huvudstaden var ett smörgåsbord
med utställningar och kvällskurser.
Teckningar från tidigt sjuttiotal
väcker minnen då jag letade nya vägar.

När penseln sätts till duken
står de gamla lärarna där och ser
hur ljuset faller in från fönstret
och föreslår att hålla penseln
i den andra otränade handen.

De viskar i mitt öra:
lämna det invanda,
pröva det annorlunda.
Öva seendet bortom vana
och färdiga bildlösningar.

Kalender

När dagen var slut rev jag av ett hörn,
lade tiden till handlingarna
och vände blad till en ny morgon.
Min kalender fylldes alltmer av timmar,
mellanrummen krympte samman
till en jämn ström av arbetsuppgifter.

Det var arbetet självt som fyllde i
medan jag sprang för att hinna gå i mål
innan repet spändes på halva vägen
för den som inte orkade hela sträckan.
Hur skulle jag kunna riva av ett hörn
om jag inte fullbordat mitt lopp?

Jag kände mig efterfrågad och behövd
av människor jag inte kände.
När någon sa –"tala", så talade jag.
Om någon ville att jag skulle sjunga,
då höjde jag min vackraste röst
upp till målade tak och prydda väggar.

Nu har jag rivit mitt sista hörn
och lägger kalendern åt sidan.
Det är inte längre arbetet som styr mig.
Jag styr mitt arbete och min ström av tid.
Mellanrummen tar allt större plats
och fyller ibland hela dagarna.

Kalenderkulturen är en föreställning
om att kunna kontrollera livet.
Alla avrivna hörn fyller nätterna
med duktighetens oroliga sömn.
Nu spänner jag repet innan dagen börjat
och låter mellanrummet överraska mig.

g. Lidén

Stegen

När dörren gick i baklås
med nyckeln kvar på insidan,
blev det alldeles tyst på trappan.
Tanken letade gömda nycklar
utan att ringa spanska låssmeden.
Ibland syns inga lösningar.
Utestängd från mitt eget hus
blev gatan mitt vilsna hem.

Jag mindes en nyckel på en krok
innanför sovrumsfönstret.
Vid sängen en skjutdörr i glas
som inte gick att låsa.
Gallergrinden kunde låsas upp
om jag bara nådde nyckeln.
Den hopfällbara stegen i garaget
räddade mig upp på balkongen.

Ibland syns inga lösningar.
Dörrarna är plötsligt stängda
och nycklarna sitter på insidan.
Då visar sig det glada ansiktet
som väntat på min slarvighet.
Det andra ansiktet ser på mig,
tålmodigt och förväntansfullt,
och öppnar alla dörrar med ett leende.

Traven

Vi staplade böcker i höga travar.
En människas liv samlas i bokhyllor
och gamla välfyllda kistor.
Nu var det dags att rensa
bland det som var tänkt,
det som var sagt och gjort.

Visa mig din bokhylla,
så ska jag berätta vem du är.
Men så enkelt är det inte.
Böckerna berättar vem du var,
och vem du ville bli.
Vem du sedan blev står i en annan bok
som ännu inte är skriven.

Det tar emot att slänga böcker
och den höga traven rasar.
Bladen har gulnat, ryggen har lossnat.
Kvar finns de fria tankarna.
Återvinningscentralen för gamla berättelser
lämnar som ett honorar
en bok med tomma sidor.

Äppelbiten

När puzzlet var nästan färdigt
letade vi länge efter den sista biten,
den där med äppelträdet på.
Den finaste biten i hela bilden,
där hösten hade kommit
och skörden var mogen,
men äppelbiten fattades oss.

När det fattas en bit i livspuzzlet
ser vi inte bilden som klarnat.
Vi fokuserar på det som inte är.
Allt det där som fattas oss,
och som skulle binda samman
allt runt omkring.

Vad ska det bli av mitt liv
när den sista puzzelbiten saknas?
Äppelbiten som jag såg
när jag var nio år och på väg
ut i det liv jag drömde om.
Gömmer sig äppelbiten i det förflutna
eller går den att hitta i framtiden?
Tomrummet fylls av möjligheter.

Ljusbäraren

Stolt som en påfågel
gick han i processionen
fram till kyrkans altare.
Klädd i vit skjorta,
fluga och kavaj,
med ljuset på skaft.

Han var femton år
men inte konfirmerad,
och undrade stilla
över nattvardens mysterium.
Du gör som du vill,
hade prästen sagt.

Påskens hemlighet
rymdes i en enkel handling.
Mitt i natten bar han ljuset
som fyllde kyrkans mörker
med gudomlig närvaro
och gjorde alla synliga.

Kulisser

Stora strålkastare lyste upp
min lilla sidogata i Plaka.
En filmare med kamera kom rullande
mot en påhittad affär i en rivningskåk.

Allt är kulisser som ställts ut
för att skapa äkta drömmar.
Även människorna är dockor,
lika äkta som i ett skyltfönster.

Skillnaden mellan äkta och falskt
är lika hårfin som politiken.
Allt handlar om belysningsvinklar
och skärpeinställningar.

I en paus mellan två tagningar
gick jag genom föreställningen,
omedveten om att spektaklet
faktiskt var verkligheten.

Musik på Syntagma

Under en lykta på Syntagma torg
spelar en violinist i kvällen.
Kända låtar för okända människor
som vill känna igen sig i förändringens tid.
Det är aldrig tyst i Athen.

På en bänk sitter ett förälskat par
som pratar om allt som hänt
och det som man vill ska hända.
Det finns alltid något att säga
om vad som helst eller ingenting alls.
Tyst blir det aldrig i Athen.

På Venizelosflygplatsen möttes vi
av glad väntansmusik vid bagagebandet.
I hissen viskade sånger ur dolda högtalare.
Matmarknaden i Zappeion erbjuder
ostar, honung och kretensiska kakor,
och musik som sätter smak på kvällen.
Natten blir aldrig tyst i Athen.

Förstår fortfarande en hel del grekiska.
Ord bubblar upp till ytan och blir synliga,
musiken blir en hjälp att gå vidare.
Sångerna tolkar sorgen och glädjen,
tonerna gör livet synligt.
Det blir aldrig tyst i Athen.

Bäcken

På våren var bäcken en brusande flod
som levde när allting stod stilla.
Den slingrade fram genom mörkaste skog,
och kappsjöng med fåglarnas drillar.

Vid bäcken var stenarna stora som berg
och trädstammar nådde till himlen.
På botten fick vattnet sin svartaste färg
och ytan ett blåtonat skimmer.

Där kunde jag sitta och segla mig bort
med båtar av bark och en pinne.
Från källan till havet är avståndet kort
när tiden i bäckfåran rinner.

Nu följer jag bäcken som letar sig fram
bland mossan och träden i skogen.
Till synes onyttig och helt overksam
är den med min längtan förtrogen.

Modelljärnvägen

SJ:s bruna eldrivna lok rullade in på spår 1
med nyinköpta slirskydd från hobbyaffären
där ägaren frågade vad jag skulle göra
med märklinloket av typen Ds.
Köra med det, förstås, svarade jag.
Det skulle inte jag göra, sa han.
Jag skulle sätta det bakom glas,
och vara mycket rädd om loket
som har metallkåpa och inte plast.
Det är från femtiotalet och värdefullt.

Loket rullade ut från spår 1.
Jag ökade effekten på transformatorn
från tio till nittio kilometer i timmen.
Över 300 lok byggdes av ASEA,
från början med träkorg, sedan nitat stål.
Järnvägsnätet band samman Sverige
från norr till söder, från landsbygd till stad.
Där tågen möttes växte samhällen upp.
Kil, Öxnered, Hallsberg och Koppom.

Det bruna DS-loket tänder lyktorna
och drar sina två personvagnar
ända från Årjängs station till Karlstad Central.
Järnvägen mellan Bengtsfors och Arvika
blev aldrig elektrifierad.
Modelljärnvägen har inga begränsningar
som hindrar utvecklingen i tid eller rum.
Vuxna män blir barn på nytt
och ser hur västra stambanan byggs ut
på ett bord där katten inte får tillträde.

Bänken

Inte långt från vattnet stod bänken
med en mur av grönska bakom.
Den nordliga vinden fick vända
och ta en annan väg genom parken.

Dit kom jag åkande på min cykel,
min hopfällbara Brompton,
som tar mig till gröna sittplatser
som jag aldrig annars skulle hitta.

Jag cyklar gärna vilse i staden
och väljer vägar som leder bort
från hus och gator jag känner till,
för att hamna vid en glänta i en park.

Där blev jag sittandes och mindes
när jag strövade omkring i min ungdom,
staden då helt ny och oupptäckt
med gröna bänkar överallt.

Jag tog fram mitt ritblock och min penna.
Tecknade stadens raka linjer.
Där satt jag lika hopfällbar
som min gröna Brompton.

Elda ris

Halsen svider av den gula röken
från brinnande grankvistar.
Ryggen värker av lyft och släp
när vi städat efter trädfällningen.
Kläderna hänger på vädring
för att röklukten ska släppa taget.

Fint blir det i sluttningen mot ängen
efter att trädfällaren gjort sitt jobb.
Nu ser vi älven och sjön.
De svarta granarna är borta,
ljuset och värmen fyller verandan,
den blöta skuggan torkar upp.

På Valborgsmässafton bränner vi
allt som var mörker och kyla.
Vi röjer undan spåren efter
den långa vintern som klädde huset
i svarta filtar av is och nordvind.
Vi bränner gamla tiders råhet.

Elden brinner länge om kvällen
och letar sig allt djupare ner i marken.
Klockan tre på natten slår röda lågor upp
och fyller de oroliga drömmarna med bränsle.
Så mycket mörker vi bär inom oss
som vill brännas upp i vårbrasan.

Valborgsmässoafton

Utrensning

I en glödhög på första maj
sticker stumparna ut
av en gammal trädgårdsmöbel
som gömdes under riset
för att eldas upp och försvinna.

Den ensamme joggaren
som råkade springa förbi
när brasan byggdes och kläddes,
såg när trädgårdsmöbeln gömdes.
Ingen tänkte väl på honom.

Nu råkade han vara miljöinspektör
och ser våra tafatta försök
att lasta våra hyrda släpkärror
med tryckimpregnerat virke
för att köra sorgerna till vårbrasan.

Vi rensar i våra minnesförråd
och gör oss av med smärtsamma dagar
när själen fick stryk och vi teg
av snällhet blandad med feghet.
Släpkärran fylls med sårskorpor.

Valborg

Ett bra vårtal i Alsterdalen
innehåller minst en dikt av Fröding,
en påminnelse om vårt trygga land
som plötsligt drabbas av attentat
mitt i hjärtat av huvudstaden,
samt en önskan om att vi ska vara
öppna mot främlingar.

Ett bra vårtal på hembygdsgården
innehåller minst en hyllning till
alla hembygdsföreningar som jobbar
för att bevara de gamla traditionerna,
och skapa goda mötesplatser
för att en bygd ska hålla samman.

Ett bra vårtal i lövsprickningen
innehåller minst en lovsång till Värmland
som just på valborgsmässoafton
är den finaste platsen på jorden.
Så efterlängtad är den långa våren
att vi gärna deltar i ett fyrfaldigt hurra
just när den stora vårbrasan tänds.

Skor

När man hittar ett par skor
som sitter som en handske
vid första provningen,
då ska man slå till direkt
och köpa ett par till.
Man vet aldrig när man hittar
nästa par skor som sitter bra.

Det borde finnas skor
för fötter som inte är som de ska.
Krokiga skor med extra rum
för knölar och sneda tår.
Bulliga skor för stora fötter
med valv som gammal stenbro.
Låga skor med liten klack
för hälsenor som har tröttnat.

De bästa skorna man hittar
är sällan de vackraste.
Hela kroppen blir lätt och fri,
foten blir ung på nytt.
De gamla vägarna öppnar sig
och säger liksom skorna:
-kliv in och känn dig som hemma!

Kragen

Ett rött tryckmärke på halsen sitter kvar.
Det gör ont när jag pratar,
och det känns trångt att andas.
Ändå är det så som det ska vara
att bära vita kragen till svarta kaftanen.

Det vita frimärket på skjortan väger lätt
och några skador på halsen blir det inte.
Ändå känns det trångt i linningen
även om skjortan blivit rymligare
och hänger allt längre tid på galgen.

Kragen får jag behålla så länge jag vill.
Se till att inga dumheter begås
som leder till anmärkning hos domkapitlet.
Avkragad kan jag bli om skäl finnes,
men skjortan får jag troligtvis behålla.

Tippen

Det är svårt att bli av med gamla minnen.
Sorterar gör vi så gott vi kan,
men vi blir sittande med gamla brev,
och dukar som någon broderat.
Porslin som många har ätit på,
kitteln som bjudit till förmiddagsfika
och eftermiddagskaffe i åratal.

Kokbok med understrykningar
och lösa recept på lappar.
Vi packar i lådor och säckar
och bär ut till den väntande transporten,
sista färden till den slutliga vilan.
Vår släpkärra är fylld till brädden
av färgburkar som sakta rostat
och penslar som långsamt stelnat.

Och vi har packat så noga vi kan.
Ändå flyger en lampa av i vinden,
vi stannar bilen och backar tillbaka.
Varför kommer det alltid många bilar
just när det ramlar saker av kärran?

Tippen är öppen till klockan nitton.
Vi har gott om tid för överlämnandet.
Men sorteringen är svårare än vi trodde
och containrarna är fler än vi kände till.

Vi slänger dumt nog plast i metall
och vi kastar trä i gips och isolering
medan den stränge mannen i gula overallen
säger att vi gör tyvärr allting fel
och vi begriper oss inte på systemet.

Vi ville ju bara bli av med minnen
och trodde att vi kunde lämna ifrån oss
både det som var bättre och sämre
utan närmare granskning av detaljerna.
Gula mannen synade oss i sömmarna
och vi kände oss som nybörjare
i småskolans första klass.

Returpolisen

Det tog bara några timmar
att fylla en släpkärra med ett helt liv.
Domaren vid återvinningsstationen
var lika sträng som Sankte Per vid porten.
Det goda skulle till en vit container,
medan det onda slängdes i den blå.

Med gråten i halsen ängslades vi
över att vi själva fattat beslut
om att kasta det som inte längre behövdes.
Den kära byrån, den gamla mjölkkärran,
fina fåtöljen och de mjuka sängarna.
Nu åkte de iväg till sista vilan.

Återvinningen hade pågått under många år,
gamla minnen hade kommit tillbaka,
mjukvaran växte medan bohaget krympte.
Nu pekade Domaren mot utgången,
där vi skulle möta Honom som förlåter allt.
Släpkärran kändes överraskande lätt
medan hjärtat tyngdes av saknad.

9 máj·17. gL.

Svart kista

En blomsterhandlares död
lämnade butiken fylld till taket
med små doftande konstverk.
-Varsågod och ta med en handbukett
att lägga på kistan inne i kapellet.
Prästen väntar på att akten ska börja.

Vi som nyss varit på en riktig begravning
saknade floristen som visste
hur buketten skulle komponeras.
Men floristen hade gått bort
och vilade i den svarta kistan,
omgiven av hans egna blommor.

Inne i förrummet där sörjande gråter
kom floristen emot oss från tak och vägg,
klädd i svart nedbrytbar plast,
uthängd som en fågelskrämma.

Ett rum fullt av minnen av ett liv
som var ett provisorium,
ett laboratorium där liv blir till
och växer vilt och utan kontroll.

Dödsannonserna på rulle.
Ta en kölapp och invänta din tur.
Men kom gärna i god tid,
så du hinner lyssna till alla fina ord
som sägs om dig när du är död.

Körsbärsträdet snöar

Idag är min årsdag.
Utanför mitt fönster
blommar körsbärsträdet.
Vita drivor täcker marken.
Fåglarna spelar kända låtar.

Den dagen när jag föddes
blommade äppelträden
och sommaren kom tidigt.
I år går allting långsamt
och våren varar länge.

Nu tycker jag att mitt liv
går ganska sakta
och en dag är likt ett år.
Tid mäts inte i timmar och dagar,
men i närvaro och öppenhet.

Nattens vintervila håller hårt
om de mörka drömmarna,
som långsamt släpper taget
när dagen ljusnar.

Förmiddagens vårfrukost
varar länge medan livet slår ut
och blomningen lyfter kroppen,
rätar ut stela, sömniga leder.

Eftermiddagen är min sommar
när kraften fullkomnas
mitt i skrivandets glädje
och målandets upptäcktsfärd.

Mot kvällen kommer hösten
när ljuset och orken krymper
i en utvärdering av det som blev
och det som aldrig ville.

Idag är min årsdag.
Nedanför mitt fönster
snöar körsbärsträdet
litet vackrare än igår.
Humlorna spelar nya melodier.

Morgonpasset

Det snöade ur körsbärsträdet
när en vindpust drog förbi.
Kronbladen lade sig i drivor
utmed gångvägen.

En brun Cocker Spaniel
joggar förbi i snögloppet.
Morgonpasset med matte,
en vårdag full av dofter.

De håller samma fart,
och småpratar med varann
om livet och döden
och körsbärsblom som faller.

Inget koppel behövs
för den som har en lyssnare.
Samtalet pågår uppmärksamt
medan körsbärsträdet grönskar.

Blodprov

Man bör komma tidigt till vårdcentralen
när man ska lämna blodprov på labbet.
Kön brukar vara lång redan klockan åtta,
och fotolegitimation måste visas upp.

Jag tog cykeln ner till Rud för att bli vaken.
Passerade ett vägbygge med grävmaskiner
som fick bilisten att ta en omväg
medan cyklisten blev barn på nytt.

Naturligtvis kom jag försent till labbet
och tänkte mer på grävskopor än provrör.
Alla stirrade på könummertavlan.
Jag körde lastbil full med grus och sten.

Crawl

Det är viktigt att koppla av i vattnet,
sa min simlärare när jag tränade bentag.
Glupska kreatur med vassa tänder
väntade på att jag skulle sjunka till botten.

Jag har inte simmat på flera veckor.
Vill göra som havssköldpaddan;
lita på instinkten som tar mig till vattnet
där bentagen fungerar när jag blir blöt.

Det går inte att tänka mig ner i bassängen
och det går inte att vänta på bättre dagar.
Carreta carreta gör allt det där som jag önskar.
Den klumpiga kroppen blir buren av havet.

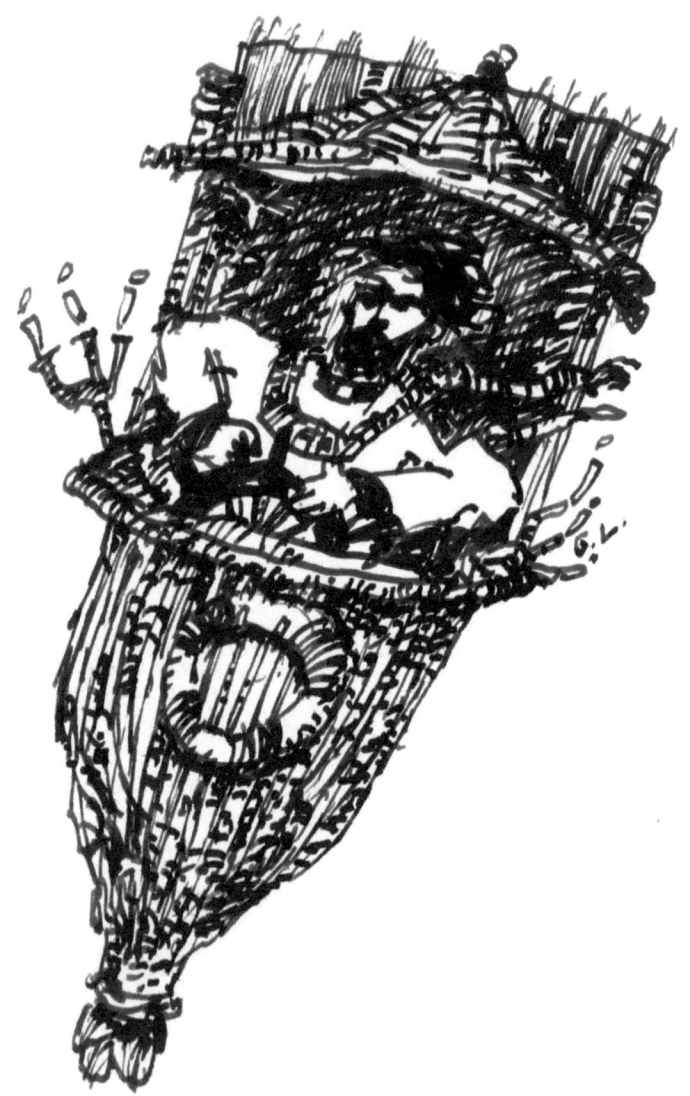

Styrhytt

Predikstolen i Alsters kyrka
har inget ryggstöd eller dyna.
Den har tak och väggar
och ger bra utsikt över
människohavet där nedanför.

En styrhytt på ett fartyg
där jag stått i fyrtio år.
Hört måsarna ropa i vinden
och jag har skrikit tillbaka:
-Se upp för den stora vågen!

Först när bryggan doppar vingen
i det svarta kalla vattnet
är det dags att surra pågående samtal.
Allt kan gå över bord
innan vi vet ordet av.

Mitt ute på det oroliga havet
var samtalet som mest levande.
Inne i hamnens lugnvatten
tystnade orden i väntan på vind.
Duvan under taket hängde stilla.

Röd sand

Den röda sanden från Afrika
känns ända upp till Värmland.
Borden på tavernan i Glykeria
täcks av ett brunt lager damm.
Utemöblerna på Lorensberg
täcks av ett tjockt lager minnen.

Getterna drar sig för att äta.
Prästen bryter veckans fasta
och dricker ett glas mjölkvit ouzo.
Det finns tusen anledningar
till att göra undantag från regler.

När den röda sanden från Sahara
rullar in vid Paleochora på Kreta,
väntar lakanen i tvättkorgen,
dröjer Kostas med att tvätta bilen.
Adriana putsar inga fönster
och Niki sköljer grönsakerna noga.

Det finns alltid goda anledningar
att dricka ett glas ouzo i skuggan
medan den röda sanden från Afrika
får det vanliga livet att ta en paus.

Paket

Paketterminalen på Örsholmen i Klarälven
har tjugo portar för inkommande frakter
men bara en dörr för utlämning till kunder.

Därinnanför letar någon efter mitt paket
som försvunnit på de tusen hyllorna.
Jag väntar uthålligt vid lastbryggan.

Som en barnmorska lägger en nyfödd
i mina utsträckta och förväntansfulla armar
tar jag emot lådan med mina böcker.

Han säger inget grattis eller lycka till,
när jag går till den väntande bilen.
Allt han ser är en låda av wellpapp.

Leverans

Alla vill se snabba resultat.
Ingen orkar vänta i evighet.
Fotbollslaget måste leverera.
Bilfabrikanten visar senaste modell.

Man vill ha allt här och nu.
Bollen kan ju gå till någon annan.
Kortsiktiga vinster räknas.
På lång sikt är ingen intresserad.

När budbilen stannar vid vår port
med mönster som vi själva levererat
ser vi hur våra tankar och skisser
blir konkreta ting att hålla i.

Någon levererade ett utbyte
som behövde tid att växa.
Utan den tråkiga väntetiden
skulle inget av värde ha levererats.

Spegelbild

Jag såg min bild i badrumsspegeln,
och kände inte igen mig själv.
Något hade förändrats under natten.
Drömmen hade vaskat fram ett minne.

Medan jag torkade håret med handduken
kom Kostas från parkeringen i Athen,
tog bort spegeln tyst som en kirurg.
Jag stirrade rakt in i kakelväggen.

Han sa: -du har ett allvarligt fel i huset,
och jag var tvungen att ta bort spegeln.
Kostas tog väl hand om vår bil, YTA4123,
men han såg oss alla bakom spegelbilden.

Vi behöver någon som ser oss,
när vi nyss kommit ut ur duschen,
då slagg och smink är bortskrapat,
där vi alltid är mer än vår spegelbild.

Nära marken

Från högsta punkten på Kinnekulle
ser man Skoghallsverken i klart väder.
Billingen ligger som en limpa i väster
medan Lidköping breder ut sig i söder,
och Mellerud kan anas långt västerut.

Vi klättrade upp i utsiktstornet
för att få en överblick av världen.
Men inte såg vi Guckuskon där uppifrån
och inte lyste Sankte Pers röda nycklar.
Gullvivorna gömdes i ädellövskogen.

Nere på marken letade vi oss fram
på allt mindre vägar till orkidéernas hedar.
Vi frågade efter skogen där Guckuskon bor
och en vänlig själ viskade en vägbeskrivning
som egentligen var väldigt hemlig.

Frökensandalerna kom fram och ryktet gick.
Ingen ville visa vart man var på väg.
Jag låg platt på magen bland ris och mossa
för att göra mig osynlig och seende,
den dagen då sommaren slog ut i blom.

Samtal pågår

Ett äldre par går och pratar ivrigt
vid Sundstatjärn mitt i Karlstad.
Det verkar som om de är osams
och kvinnan går ett par meter före,
medan mannen försöker få svar
på alla sina frågor och åsikter.

Jag har sett den här kvinnan tidigare,
på en gata i Mirtos på Kreta,
och på ett torg i Thessaloniki.
Hon har lagat mat hela dagen,
städat huset och sålt grönsaker
på marknaden för att tjäna pengar.

Jag har sett den här mannen förut,
på en gata i Kalamata,
och ett torg i Athen.
Han har suttit på café hela dagen,
spelat kort med sina kompisar
och pratat politik och fotboll.

Den stora världen har kommit hit
och går ett varv kring Sundstatjärn.
Samtalet pågår hela tiden
orden är stora och gesterna yviga.
De gör livet synligt för varann
medan vi andra tiger i blindo.

Graviera

Den föräldralöse pojken slavade på tavernan.
Hans säng var ett halmknippe på vintunnorna.
En natt bestämde han sig för att rymma,
öppnade alla tappar och tömde alla vinfat,
stal en gravieraost och rullade den ut ur byn.

Han sålde nötter på gatorna i Athen,
fick några drachmer till mat,
emigrerade till Brasilien och startade fabrik.
Tillverkade bikinis som inte täckte någonting alls.
Han ville bli fotograferad med skepparmössa
framför den största yachten i Kalithea hamn.

Han gick omkring i staden med en tom portfölj.
Föreställde sig alla sina framgångsrika barn.
Den föräldralöse pojken kunde ha blivit advokat
eller något annat som man kan drömma om
medan den stora gravieran rullar vidare.

Trädgårdsarbete

Efter vintern såg vi hur jorden vaknade.
Den långa sömnen gjorde marken beredd
att resa sig ur väntrummets skinnsoffa.

Varsågod nästa, säger trädgårdsmästaren
och gör patienten beredd för provtagning.
Den tunna nålen känns knappast.

Jordtrycket är normalt för årstiden
och temperaturen stiger som den ska.
Pulsen ökar bland räfsorna i grannskapet.

Det dröjer inte länge förrän alla krattar.
Örtmediciner för tillväxt är receptbelagda.
Två tabletter smälter långsamt i solen.

Konstföreningen

På sammanträdet diskuterade vi
principer för utställningar.
Att måla är att bli synlig för andra.
De stora dukarna är för dem
som är innanför de stora dörrarna.
Målningar på husgavlar är för dem
som står utanför, på gatan.

De riktigt små målningarna
har ibland förmågan att väcka
de riktigt stora inre bilderna.
Konstnären vill kanske själv
vara närmast osynlig.

Västanå

Största synden är att döda kärleken,
säger Charlotte Löwensköld
när hon inser att den hon älskar
har blivit så kär i Gud,
att han förlorat sig själv.

Selmas kärlek var förbjuden
men hon slutade aldrig älska.
Kärleken blev en ständig kamp
om rätten till en plats i samhället
och att låta kärleken styra livet.

När vi fastnar i idéerna om livet
blir hjärtat rädd för verkligheten.
Den beundrande kärleken
från livets alla mödrar
lindar in hjärtat i stålull.

Bakluckan

Sista dagarna i augusti flyter älven sakta,
medan björkarna gulnar och flagnar.
Vi följer älven norrut genom Råtorp,
upp mot det strömmande vattnet i Grava.
Sydvinden stöttar oss i ryggen,
hela vägen upp till broarna i Skåre.

Det ryms mycket i bakluckan på en liten Mercedes.
Två hopfällbara cyklar fick plats utan problem.
Vi själva fällde ihop oss inne i cupén,
spände fast oss i dörrposterna
och följde älven söderut till deltat
där staden breder ut sig på sandbankarna.

Hemvägen gick fort genom mörkret.
Älven låg svart och bred i sensommarkvällen.
Våra hopfällda cyklar i bagaget
frågade oss om vi inte ville ta en tur
längs vattnet och känna dofterna
från nyslagen vass som jäser i strandkanten.

Resväskan

Bagagebandet på Heraklions flygplats
är ett rullande lotteri med högvinster.
När gummiplattorna börjar röra på sig
och den gula lampan blinkar ilsket,
dras vi alla till den gapande munnen,
som spyr ut förpackningar från Moskva,
från London, Paris och Stockholm.

Hög puls, stora pupiller och vassa armbågar
håller vakande ögon på allt som rör sig.
Ryggsäckar, barnvagnar och pappkartonger
blandas med stora och små resväskor,
som om hela livet kunde rymmas
i en liten låda med handtag och hjul.

När min väska med det blågula bandet
dunsar ner i karusellen, andas jag ut.
Det gick bra även denna gång.

Kostas verkstad

Det är alltid något som går sönder
när jag kör bil på Kretas slitna vägar.
Stenarna som lossnade från bergssidan
låg kvar i rösen bakom högerkurvan.
Höger framhjul fick mycket stryk.
Kostas verkstad lagar allt.

Potthålen i landsvägen är lömska fallgropar.
Engelska bilförare ligger mitt i vägen.
Jag lade mig långt ut mot vägkanten
där ravinen stupade brant ner i dalen.
Bilens högersida slog i en stenstolpe.
Kostas verkstad lagar allt.

Mitt i byn mötte jag turistbussen
på sin dagliga färd ner mot Elafonissi.
Chauffören visste att störst kör först,
och jag höll mig mycket nära husväggen.
Betongtrappan bröt av bilens avgasrör,
underredet fick skrapsår och blåmärken.
Kostas verkstad lagar allt.

Butiken

Maria säljer äpplen.
Hennes man är ofruktsam.
Han sitter i ett hörn och sover
medan Maria fyller lådor
med apelsiner, bananer och päron.

Mannen lovade att passa butiken
medan Maria var i kyrkan på begravning.
När vi kom för att handla
fanns ingen vaken personal vid disken.

När Maria bytt om från svart till blommigt
väckte hon maken med en utskällning.
Han tyckte att hon varit borta länge,
och inga kunder hade ju synts till.

Skuggan

Hon pratar högt i sin mobil
men farfar hör henne inte.
Han har somnat i skuggan
under moreaträdet vid köksdörren.

Rullstolen är parkerad på trottoaren
just där bilarna brukar mötas
på den smala gatan förbi posten.
Han har centimetrarna på sin sida.

Astman och rökhostan längtar ut
till gatans dieselångor och sopstank.
Inomhusvärmen står blick stilla.
Kvällsbrisen drar längs bygatan.

Rudi

Rudi varnar för höga vågor.
-Nicht schwimm!
Havet kan se vänligt ut på morgonen
men strömmarna är bedrägliga.

Rudi ser att jag vill ta mig ett dopp.
-Nicht schwimm!
Han välsignar mig på flera språk
innan jag går nerför trappan.

Rudi är gatans pratglade kurator,
han finner alltid nya samtalsämnen
och ser det som sin andliga plikt
att ligga steget före innan olyckan händer.

Ingen kommer förbi Rudi
utan ett ord på vägen.
Själv badar han varje dag,
sitter gärna tyst för sig själv och läser.

Stranden

Sanden är het och vi går snabbt
för att inte bränna fotsulorna.
Den svarta lavastenen gömmer sig
under de mjuka sanddynerna.

Det räcker med ett ögonkast mot havet
för att släppa fokus på strandstigen
och trampa rakt på den vassa spetsen
av en underjordisk stenbumling.

Den svarta kniven skär ett snitt i fotsulan.
Värmen och gamla svettiga sandaler
bygger ett litet bo av bakterier.
Jag lär mig aldrig att stigen förändras.

Höga vågor

Havet gungar tungt in från Afrika.
Hur jag än försöker hålla mig upprätt
kastas jag omkull när havet rullar.

Ner i vågorna kommer jag ganska enkelt,
guppar sedan fram och tillbaka som en kork.
Nuddar botten med utsträckta tår.

Angöra land är största utmaningen
när havet drar mig tillbaka i varje steg.
Bottnen rinner opålitligt undan.

Ett bad i höga vågor är farligt äventyr
när underströmmar greppar mina ben.
Havet är inte lika vänligt som det ser ut.

Gatans liv

När kvällen kommer och hettan svalnat av
fylls bygatan av bord, mat och hungriga gäster.
Det finns alltid plats för ännu ett bord
på ett hörn av trottoaren,
och det finns alltid mat kvar i en gryta
när timmen blivit sen.

I små grekiska byar hör gatan till vardagsrummet.
Slaktaren håller öppet till midnatt.
Marias lilla butik stänger när det är begravning.

Lutar jag mig bakåt på stolen,
blir jag påkörd av en senkommen bilförare
som tar vägen genom byns centrum
för att komma fortare hem.

Barn och gamla är uppe sent,
har ingen lust att gå till sängs.
Det gemensamma folklivet är själva livet.

Uppvisning

Han snurrar sin käpp när hon går förbi.
Hon bryr sig väldigt lite om hans uppvisning.
Vill inte vara publik eller aktör,
bara sitta och glo ut över havet.

Idag är han strandens samuraj
som tränar inför stormens ankomst.
Han dansar med små små steg,
koreografin ritas i den våta sanden.

Hon svänger förbi i en liten båge,
har blicken fäst vid ett uppspänt segel
som hon lämnade igår eftermiddag.
Idag syns inga fotspår före hennes.

Hund på taket

Vi bodde en vecka i den lilla byn Mirtos,
väster om Ierapetra på södra Kreta.
På långt håll hörde vi när getherden kom,
skramlande med sin slitna pickup
för att köra vatten till sina getter
uppe i bergen.

Hunden stod på taket
och höll sig fast genom svängarna.
Den långa och torra sommaren
var svår för alla som har djur att sköta om.

Grekerna är inte rädda för att jobba
och medan vi nordbor går ner till stranden,
ser herden till sin flock
uppe bland tistlar och stenrösen.

Gatumat

Om kvällen förvandlas bygatan
till vardagsrum för barn och gamla.
Doftar lammkotlett och diesel.
Jag drar in stolen två centimeter
så att turisterna i hyrbilen
tar sig förbi utan att välta blomkrukan
utanför slaktarens butik
som håller öppet till klocka elva.

Nattens stjärnor tänds på borden
medan servitören fyller på mera vin
i de små dricksglasen utan fot.
Slaktaren kommer med nymald färs
till biffarna som jag beställde med röd sås.
I köket kokar buljongen sedan morgonen,
och moussakan har vilat minst ett dygn.
När himlen svartnar vaknar byn till liv.

Slaktaren

Han var en av de rastlösa pojkarna
med mycket spring i ben och fötter.
Körde omkring i byn Mirtos på moped
utan annat mål än att tänja på alla gränser,
skrämma alla katter och hundar
och driva mödrar och mormödrar
till heligt vansinne och tårar inför prästen.

En dag tog han över föräldrarnas köttaffär.
Gjorde egen korv och sålde sällsynta ostar.
Han hade fortfarande spring i båda benen,
ville aldrig sitta still på stolen.
Med samma energi och engagemang
öppnade han byns bästa charkuteri.
Nu kör han omkring i byns häftigaste bil
med tejpade fartränder på kylarhuven.

Skrotsamlaren

När brödrosten har rostat sönder
och bordsfläkten har gått över bord,
överlämnar vi det fallfärdiga till soptunnan.

Vi har försökt att laga våra trasiga liv
så många gånger tills vi tröttnat.
Det finns inte längre hopp om uppståndelse.

Skrotsamlaren ser att liv kan återvinnas
först när det hamnat på tidens botten.
Allting återuppstår i nya former.

Underhållning

Nikos har vilda planer på renovering
av det gamla hotellet med tio rum.
Han vill att gästerna ska få njuta,
av tystnaden, utsikten och bra sängar.

Alla andra hotell har TV på rummet,
som om det skulle vara en tillgång
att slippa sitta på balkongen med utsikt
över havet och bergen och himlen.

På Nikos hotell är underhållning i realtid.
Kvällsprogrammet i en stol på tavernan
visar idag den gode herden som kör förbi
med tre getter och en hund på flaket.

Senare på kvällen visas underhållningsprogram
från bord nummer 12 utanför köket.
Stor politisk diskussion om EU-medlemsskapet
där inga argument fattas liksom vinet i glasen.

Nikos hotell är fullbokat hela säsongen.

Gubbsamtal

Tre greker pratar länge i skuggan.
Turisterna plågar sig tysta i solen.
Vi har olika inställning till värmen,
och för somliga är samtalet och tiden
viktigare än utseendet och tidsfördrivet.

Det behövs tre greker för att samtala.
En som har en mycket viktig synpunkt.
En annan som säger tvärtemot.
Och en tredje som hittar en medelväg
som inte alls är det samma som lagom.

Dialektiken är grekernas livsluft.
Den självklara tesen väntar på en antites
som är lika självklar som havsvattnet.
Hur skulle man annars finna en syntes
som leder samtalet framåt under trädet.

Oliver

När Jannis piskar ner de mörka oliverna
mullrar elaggregatet plågat och trött;
-ska han inte ta en paus snart?
Men Jannis vilar inte förrän om kvällen
när olivträden är tömda på frukt.

Jannis är blåslagen på armar och ben.
De svarta projektilerna träffar stenhårt.
Ögon och tänder är särskilt utsatta.
Han måste ju både se och andas,
även när han står mitt i skottlinjen.

Om inte Jannis var så svartsjuk,
skulle han ha slutat för länge sedan.
Olivkrattan drivs av oro och ilska
och längtan till en tryggare framtid.
Jannis drömmer om en egen olivlund.

Olivrens

När fiskaren drar sina nät ombord,
glittrar några ensamma stackare
på båtens botten i soluppgången.
Katten väntar vid bryggan på skräpfisken.
Det var bättre förr, tänker skepparen,
och minns när han fiskade längs kusten.
Nu måste han ge sig längre ut till havs.

De stora näten är fyllda med oliver,
släpas samman i ett hörn av lunden.
Oliverna skiljs från blad och kvistar,
lastas i säckar på pickupens flak.
Det var bättre förr, tänker olivodlaren,
och minns när det regnade i rätt månad.
Nu måste han vattna träden med slang.

Näten fylls och töms med nytt innehåll.
Havet och bergen bestämmer reglerna.

Turistguiden

Jag kan berätta allt om Knossos,
säger guiden med tyskt tonfall.
Han ser på långt håll var vi kommer ifrån.
Ryssar är vi inte och ej heller spanjorer.
Kan vara skandinaver på charter,
men troligtvis är vi från Tyskland.

Det är lika roligt att lura guiden
som att han lurar oss.
Därför pratar vi enbart grekiska
Och förklarar att vi är släktingar
till gamle kung Minos
som styrde över Kretas domäner.

Guiden blir inte klok på oss
och han vänder sig förtvivlat till sina kollegor
som ser åt annat håll och suckar.
Tittar på klockan och hoppas
att det snart är stängningsdags.
Vi undrar om något på Knossos är äkta.

Krokvägen

Det krävs mod att mötas på vägen söderut
från Kissamos till Chrissoskalitissa.
Vägen byggdes för små pickuper
som körde sakta i de trånga kurvorna.

Idag har turisterna bråttom hem till hotellet,
till middagen som man redan betalat för.
Biluthyraren berättade aldrig om vägen
som saknar räcken och målade kantlinjer.

Bakom skymd vägkrök kommer bussen.
Chauffören har gjort korstecken
för varje engelsman som tror att
hela Europa har vänstertrafik.

Glassbilen

Glassen smälter alltför fort i solen,
under långa, varma sommardagar.
Chauffören tutar sig fram mellan husen
och vet precis var alla trogna kunder bor.

Barn och pensionärer väljer ur sortimentet.
Seniorerna vet att en låda glass i frysen
kan rädda både huvudvärk och stress.
Därför köper vi två kartonger blandade sorter.

Nya smaker gör ingen skillnad i värmen,
det viktigaste är svalkan och sötman.
Vi uthärdar till och med glassbilens musik;
den låter som vanilj med citron och bacon.

Körledaren

Tisdagskvällarnas körövningar
kräver hård fysisk träning.
Ryggen värker efter en halvtimme
och benen domnar efter andra sången.

Vi sjunger inte enbart med stämbanden,
utan med hela den otränade kroppen
som pumpar luft från stora ryggmuskler
till förväntansfull lungbälg med magstöd.

Körledaren lägger tid på uppvärmning
för stel käkled, trött nacke och slapp mage.
Det är ingen mening med att sjunga starkt
när dirigenten vill att vi ska låta vackert.

Advent

Vi åkte förbi Bo Setterlinds hus häromdagen.
Ur alla fönster i hans hem i Strängnäs
lyste adventsstjärnor med hälsningar
från poeten som aldrig slutade hoppas.

Ett fönster mot himlen är stjärnan
som visade väg för Österns vise män.
Nu visar den väg för oss som tvivlar
på orden och bönerna om makt och sanning.

Stjärnan lyste över barnet i skjulet
dit hemlösa och fattiga sökte skydd mot vintern.
Den lyser fortfarande för alla oss
som bärs av ett hopp trots mörkret.

Luciamorgon

Jag ser min pappa halka fram över isgatan.
Den lilla luciahanden gömmer sig
i hans stora och arbetsamma nävar.

Barnbarnets tag om adventsljuset.
En förhoppning om att den inre lågan
ska stå emot den mörkaste natten.

Julotta

Stjärna efter stjärna tändes
in i julnattens vintermörker
när kyrkvärd och vaktmästare
fyllde vår lilla värld med ljus.

Ängel bredvid ängel sändes
in i julnattens vintermörker
när kyrkokör och kantorsspel
fyllde vår tysta värld med sång.

Barnen intill vuxna trängdes
in i julnattens vintermörker
när kyrkbänkar och krubba
fyllde vår kalla värld med liv.

Broddar

Vintern kan inte bestämma sig
på vilken sida om nollstrecket
den ska stanna och sluta tramsa.

Vi har också svårt att bestämma oss
om vi ska spänna på oss broddar
eller lita på att vårt balanssinne
fortfarande styr våra armar och ben
som när vi var tjugo år unga.

Nu går vi med stavar på Lorensberg
och låtsas att vi är i fjällen.
Hustak blir fjälltoppar med snörök
och borta vid horisonten
anar vi Galdhöpiggen och Glittertind.

Hedens värmekraftverk ångar på
och värmer oss tryggt
genom underjordiska tunnlar
medan glaciärerna smälter.

145

Skridskor

Himlen låg svart över den mörkblå isen.
Gamla snödrivor och vassruggar
hindrade världen att växa sig för stor.
Det finns gränser där tiden frusit fast.

Vi åkte skridskor i nattmörkret,
isen åskade under våra skär.
Långa sprickor blödde isvatten
medan sjön råmade i kylan.

Jag gjorde översteg och åkte baklänges,
visade mina konster och tröttnade aldrig,
men vad tjänade det till att vinna matchen
när livet smälte under mina skenor.

Tunn is

För den som inte väger så mycket
bär även tunna isar en skridskoåkare.
Långfärdsskridskor och snabbhet kan hjälpa
men mina gamla hockeyrör och låg fart
gör mig till en olycksrisk på nyisen.
Viktgränsen har jag passerat med råge
för många kalla vintrar sedan.

Gapern är säker i de små vikarna
men udden och älvmynningen är riskabel.
Vi håller oss kring vassen nära land
där vi vet att sjön är långgrund.
Vår lilla isbana tillåter små svängar
och korta rusningar till snövallen.
Det räcker gott och väl för mina knän,
som bränner när jag visar mina konster.

Tidtabellen

Morgonpromenaden före frukost
är inget sprinterlopp för ungdomar.
Första kurvan förbi postlådan
avgör dagsformen och underlaget.
Klarar jag den utan att halka omkull,
ska jag nog orka med hela varvet.

Övergångsstället vid Ebbas dagis
är plogat och grusat under kvällen.
Jag såg traktorns blinkande lampor
och visste att han tänkte på mig.
Några föräldrar kom sent med barnen.
Somliga morgnar vill jag gå baklänges.

Isbanan i vårt område var nyspolad
och snövallarna har växt runt rinken.
Kvällsbelysningen har fått ny timer
och någon har glömt sin hockeyhjälm.
Vi möter bussen på väg till stan.
Den håller tidtabellen lika bra som vi.

Köpa skidor

När vintern äntligen kom till Värmland
ville jag ut i skogen och åka skidor.
Mina senaste laggar glider runt i Polen
och stavarna har gått av för länge sedan.

Skidavdelningen i den stora sportaffären
rymmer för mycket att välja mellan.
Jag tänkte köpa ett enkelt skidpaket
men det fanns inget sådant i hyllorna.

Den unga tjejen som kollade min vikt,
mätte min längd och frågade om min åkstil,
blev inte riktigt nöjd med spannet under foten.
Skidan var för hård och jag var för tung.

Vallningsfria skidor skulle vara enkla
men åkningen kräver ny teknik.
Skidorna lämnades i vallningsverkstaden,
jag gick hem med ett par dyra stavar.

Slunga snö

Min granne älskar att flytta snö
med sin nya motordrivna snöslunga.
Ett tunt lager nattsnö räcker
för att han ska få starta sin städmaskin.

Han håller trottoaren fri från elände
så att brevbäraren kan komma intill lådan
och sophämtarna kan tömma tunnan.
De kommer alltid när det snöat.

Jag ser med beundran när han kör
sin snömaskin fram och tillbaka
medan vi dödliga sliter med skyffeln
tills ryggskottet fäller oss som älgar.

Kotknackaren

Det knakar och knäpper i ryggen
när jag böjer mig åt höger och vänster.
Kotorna hoppar lite som dom vill
när jag rätar upp kroppen.

Nacken är det visst också fel på
men det går att fixa till snabbt
genom två korta ryck i sidled.
Det finns för många ben i skelettet.

Jag undrar varje gång om han vet
vad han håller på med i min rygg?
Troligen har han ett hemligt språk
som bara senor och kotor förstår.

Rutan

Jag såg nyss en film om en fyrkant på gatan,
en plattform där omsorgen alltid bör finnas.
Det goda fick kämpa emot själva satan.
Ett rollspel fick sorgligt vår rädsla att minnas.

När nyfikenheten på livet och världen
förändrar vår syn på det strikt absoluta,
då slipar vi på tills kvadraten blir rund
och lämnar bakom oss vår hemkära ruta.

Filmverkligheten där tillvaron vänds
upp och ner så min värld sakta börjar att luta.
Inom mig, när biografljuset tänds
fortsätter filmen, ruta för ruta.

Blötsnö

Jag träffar mina grannar när det snöat
ett par decimeter under natten.
Lätt pudersnö är inte särskilt bra,
den är inget att orda om.

Tung blötsnö är bättre för grannsämjan,
den måste bort innan det fryser på.
Vi skottar oss fram till postlådan,
och pratar om väderleksrapporten.

Vi diskuterar var vi ska lägga all snö
när bilarna tar plats på uppfarten
och snöberget når upp till taket.
Utan snön är det ensamt på gatan.

Skyltfönster

En bra bit in i mörkaste januari
ser skyltfönstren fortfarande ut
som förväntansfulla adventskalendrar.
Stjärnor och änglar tindrar från taket,
granar och tomtar myser i hörnen.

Vi vill så gärna bli barn på nytt,
se fram emot hemliga paket
med spännande överraskningar.
Alla önskningar vid midvintertid
har gått i uppfyllelse för länge sedan.

Önskelistorna blir kortare med åren.
Butikernas skyltfönster har inte
det som vi mest drömmer om.
Ett par halkskydd skulle sitta fint
så att jag tar mig genom snögloppet.

Körövning

Vi lyssnar ibland på varandra
när notläsningen blir svår.
Jag följer grannen i min stämma
och ligger bara en millisekund efter.

När vi sjungit sista takten
och dirigenten slagit av stycket,
pustade jag ut och var riktigt nöjd
över att det mesta blev rätt.

Grannen viskade i mitt öra
att jag sjöng rätt hela vägen
och han tackade för att jag
kunde alla noterna så bra.

Frisyr

Det ser inte bra ut när allt växer igen,
tyckte min frisör och tog fram stora saxen.
Ett svart plastskynke dolde allt utom huvudet,
jag kände mig som Johannes Döparen.

Under hakan hade vassruggarna gömt sig
och bak i nacken tog sly och småbjörk över.
Öron och ögonbryn hade buskat igen,
näsan var en igenväxt hängränna.

Det spelar ingen roll att spegeln ser mig
med hela mitt naturliga hårsvall.
Frisören upptäcker alla de dolda sidorna
där min egen vildmark breder ut sig.

Fem urbana centra

Kulturspanaren färdas genom Värmland,
saktar ner i Lesjöfors, stannar bilen,
riktar kameran mot det övergivna samhället.
Ångrar sig inför den tysta tomheten.
Det finns andra berättelser.

Urbaniseringen förändrar landet,
och vad ska vi med landsbygden till?
Drömmarna om skolbuss och förlossningsvård,
känns inte igen i de fem urbana centra
som drömmer om takodling och operahus.

Den gamla kraftstationen i Deje
har på några år fyllts med nya berättelser.
Spanaren avundas vår värmländska identitet
som tror på berättelsen om det omöjliga.
Vi bakar bröd och smakar på framtiden.

Kultur

Konst handlar om att kunna,
med en verkstad fylld av arbete.
Konstnären Olle Kåks gick till sin ateljé
varje lustfylld och långtråkig dag
och odlade sitt intresse för färg och form.

Han fick en gång frågan av en journalist
om varför han föredrar att måla i olja.
Olle svarade att han tycker det luktar gott.
Det finns auktoriteter inom alla områden,
och akrylfärg doftar inte lika kulturellt.

Olle Kåks har designat Geijerskolans symbol;
en vacker blomma med fyra kronblad
och samtidigt fyra vargar i mellanrummen.
Vargpäls luktar inte lika gott som vallmo.
Kultur uppstår i mötet mellan olikheterna.

Vita havet

Som om finska flaggan hade landat
mitt i den svenska vårgrönskan.
Ryktet gick att marken var vit och blå
i backarna kring Österviks kapell.

Jag kröp omkring på alla fyra
med stora kameran runt halsen.
Försökte fånga all vackerhet
som det korta skärpedjupet ser.

Av alla bilder som jag fotograferade
blev kanske en eller två riktigt bra.
Motljuset framkallade bladens nervtrådar
vid stranden av det stora vita havet.

Vårregn

Det blir ingen vår utan nederbörd
tänkte jag och kröp in i regnrocken,
drog på mig gummistövlarna
och klämde fast kepsen på huvudet.

Katten ville inte gå ut ur huset
och hängrännan flödade över.
Klarälven steg med flera centimeter
och vattnet färgades brunt från åkrarna.

När jag väl kommit ut på gatan
möttes jag av dofterna från marken,
multna löv och gammalt ris.
Regnet smakade päronsoda.

Schack

Vid ett bord i den igenväxta bersån
satt två äldre herrar och spelade schack.
De hade sina bestämda platser,
och de gamla vanliga pjäserna.

Han var inte längre kung i hemmet,
mest i vägen för köksbestyren.
Saknade viktig roll i spelet om hushållet.
Damen styrde och ställde åt alla håll.

Svart dam och vit kung går bra ihop,
men inte två med samma färg.
Då behövs några stolar och ett bord
och det gamla schackspelet i bersån.

Gerlesborg

De vita husen vrider sig undan berget,
som trädet böjer sig i vinden.
Här blåser ständigt en vind från havet,
rötterna håller huset och människan på plats
medan stormar och mäklare ryter.

Vinklar och vrår formar huset
för att ge plats åt kaprifol och björnbär
som vant sig vid blåst och regnbyar.
De inväntar bättre dagar i lä.
Doften och smaken räds inte oväder.

Berget bär de vita husen på sina axlar,
flyttar träd och buskar till nya jordar.
Ständigt flyttar nya generationer in,
som minns de hårda vintrarna
när berget var allt man litade till.

Berg i Bohuslän

Drömmen om att återvända
till Gravarne, Smögen och Strömstad
går inte heller denna gång i uppfyllelse.
Bryggan där fiskebåtarna låg
har nu blivit partyhäng kring yachterna.

Gränderna där fiskarbefolkningen bodde
har nu blivit högljudda restauranger.
Fiskebodarna där gubbarna hängde nät
är nu små investeringsbostäder
där ingen i Kungshamn har råd att bo.

Jag känner inte igen mig,
söker skyddade vikar, mindre båtar.
Det går aldrig att återvända.
Kanske besöka ett gammalt fiskeläge,
för att inse att tiden har gått ifrån mig
och ingenting längre är detsamma.

Husen, träden och de stora bergen,
de överväldigande röda bergen
som ruvar över Gerlesborg,
står kvar som skydd mot tiden.
Jag somnar i skuggan under träden.

Akropolis

Lysekil har sitt Akropolis, staden på klippan.
Parthenon reser sig högst på berget.
Det medeltida stenröset vilar stadigt
bredvid den stora nygotiska granitkyrkan.

På denna plats har många makter dyrkats,
Väderguden, Sillguden och Skeppsguden.
För de drunknade, de som aldrig återvände hem
har många ljus tänts i helgedom och stugfönster.

Rösingarna kallas de som bor på berget,
bebygger Akropolis med nya stenrösen
där själen har fri väg mot Nordsjön och Gullmarn.
Atlanten och Medelhavet är alltid nära.

Dagens sjöfarare har bråttom mellan holmarna.
Uppe vid Parthenon står tiden stilla,
allt finns ju inombords, inom räckhåll.
Utsikten sträcker sig ända till Pireus.

Rökta räkor

Under högsäsong ligger röken tjock
över bryggan i Grebbestads hamn.
Grebys restaurang har tänt fiskröken
och dofterna av nyrökta räkor
får semesterseglarna att lägga till.

Den knytnävstora stenen på träplattan
behövs för att knäcka krabbskalet,
men de rökta räkorna behöver inget våld.
Det tunna skalet vill ha tid att svalna
i minnet av Nordsjöns salt och vågor.

Upptagning

Snart kommer släpkärran,
hämtar hem sommarbåten
till sin mörka vinterkuvös.

Kajutan är fylld av ljusa minnen
från sömnlösa tropiska nätter
under svettiga, skrynkliga lakan.

Kranen vet att upptagningen
är ett avsked från farvatten
där spåren ännu är synliga.

Grebbestad

Den norska flaggan vajar stolt
i aktern på de största yachterna.
Kapten står vid rodret och ser ut
över de små svenska båtarna
som knappt har råd att tanka diesel.

Styrman har tagit plats i solstolen
med en grön drink i handen
och en nytryckt damtidning i knät.
Väntande på order från kapten
fäller hon ner solglasögonen från pannan.

Det är mycket att sköta om på en yacht.
Ny is ska frysas till drinken,
axlarna måste smörjas med solcreme
och tånaglarna behöver ny rödfärg.
Alla i besättningen har viktiga funktioner.

Bröllop

Sent på kvällen när benen var tunga
gungade vi runt i grekiska danser.
Ett bröllop utan gruppdans
blir bara en formell ceremoni.

Brudgummen från nordliga Värmland
och bruden från sydliga Athen,
gästerna från städer och skogar
höll om varandra, höll ut i natten.

Norr och söder möttes i dansen,
vi lånade små steg av varandra.
Det glada kaoset från Medelhavet
fann det Nordliga ordningssinnet.

När ljus och mörker blandas
lyser kontraster och skiftningar
som ger liv åt den heliga vardagen.
Utan varandra är vi bara idioter.

Pedagogen

Den lilla shetlandsponnyn vet vad som väntar,
när ridläraren ger kommando om inmarsch.
På rad tågar häst och små ryttare
in i manegen med pappor och mammor
som moraliskt stöd och uppmuntran.
En liten ponny har ett stort ego.

Vuxna får gå med, småspringa bredvid och
helspringa om man orkar i långsamt trav.
Att vara pedagog är ett heltidsjobb.
Pedagog var i antikens Athen namnet
på den slav som ledde familjens barn
till och från undervisningen i skolan.

Nu går föräldrarna där som lyckliga slavar
och ser sina barn och barnbarn till häst
medan drömmarna kommer och går
om den tid innan slaveriet var uppfunnet,
när man själv fick sitta upp, fatta tyglarna
och gå över från trav till galopp.

Ordnar

Om man är högerhänt och stridsberedd
har man värjan på vänster sida.
Det röda bandet täcker klasen av medaljer
som visar rang och ridderlighet.

Med orden som skarpslipade vapen
slåss vi för glädjen och barnsligheten.
Det finns alldeles för många fiender
till den lustfyllda vardagens vänskap.

Vi utesluter hederstiteln och yrket
när vi firar livets spirande yrsel
och sjunger om studentens lyckliga dar.
Ungdomens dagar återvänder.

Torpet

Sommarmiddag med sill och nypotatis.
Vi grillar halloumi och grönsaker
vid torpet i skuggan av granhäcken.

De gamla äppelträden har beskurits
och gräsmattan har fått pallkragar.
Gården lever upp igen efter år i träda.

Nya familjer flyttar in i gamla hus.
Den stora kakelugnen väcks till liv
och bröd bakas i vedspisen i köket.

Fyllt vedskjul och äpplen på vinden,
potatis i källaren och bröd på bordet
håller hand och sinne öppna för livet.

Konstpubliken

Fredagskväll i januari på Herrhagen.
Rykande marschaller visar vägen
in till nyhängda bilder i gallerierna.
Tre portar lyser i vintermörkret,
vi hejar på varann längs vägen
mellan fjället, skogen och staden.
Tre berättare från skilda tider,
världen sedd genom unga och gamla ögon.

De vana vernissagebesökarna
hälsar på konstnären och gratulerar.
Lyfter ett glas vin och kommenterar
den lyckade och luftiga hängningen.
Ett gott försök till invigningstal
avbryts hela tiden av nya besökare
som hälsas välkomna med namn och hemort.
De flesta känner varandra och pratar
om hälsan och senaste resan hemifrån.

Ovana vernissagebesökare ser sig om,
hämtar en katalog i fönsternischen,
undersöker målningarna på väggarna.
Undrar om man är rätt klädd för tillfället,
tänker att man borde valt en röd halsduk.

Kollar prislapparna och de röda punkterna.
Kanske betyder de att några målningar
är bättre och finare än de andra.
Det är många som vill prata med konstnären,
kanske skulle man säga något om ljuset.
Det stod ju så i tidningen att han
ville brottas med det besvärliga mörkret.
Men, det är nog lika bra att inte säga något,
det bästa har någon annan redan sagt.

Vernissage

Vernissagefredagar har blivit folkvandringar
till KIKA, Konstfrämjandet, Bergman och Hjelm.
Vi dricker vin, ser på konst och på varandra.
-Nämen, vad roligt, är du här!
- Och vilken snygg kappa!
- Det är en kompis som inte längre trivdes i den.
Jag tycker den är snygg.
Vi blir en del av utställningen.

Konst väcker samtal om livet,
vi känner igen oss själva och vilka vi är
och vilka vi önskar att vi vill bli.

Samtidskonsten är inte bara vacker.
Den berör och irriterar känslor,
väcker minnen och reflektioner.
Om allt det där som vi vill prata om
men inte riktigt vet hur vi ska börja.
Då kryper vi in i mellanrummet
bland färgerna och formerna.
Det som inte har någon facit.
För en stund går vilse bland konstverken
och hittar hem till oss själva.

Barkis

Domkyrkan tvättas invändigt
några gånger varje århundrade.
Rök och damm suddas försiktigt bort
likt ett radergummi tar bort det felskrivna.

Några tusen limpor Barkis gick åt
för att rulla bort gamla predikningar
och kyrkobesökarnas hostningar
från målade takvalv och väggar.

En liten ruta sparades bakom hög kolonn
för att vi skulle se den stora skillnaden
mellan kraften i ett stycke bröd
och längtan hos den som hungrar.

Stenlagda gator

Gatan upp förbi Gustavianum
var inte brant men tunggådd.
Röster ekade mellan husväggarna
och domkyrkans klockor ringde.

Vägen upp till teologiska fakulteten
var inte lång men hade många hållplatser.
Klädda i långrock, basker och portfölj
svävade kandidaterna in genom porten.

Några ville bli biskopar i mitra och stav
redan från första lärdomsdagen.
De såg sig själva i de gamla porträtten,
förevigade och platta som en pannkaka.

Linné

Linnéträdgården surrade av röster
från livets alla utkanter och vrår.
En turist från Japan lärde sig namnen
på de blommor hon kände igen.

Ett äldre par från Amerika stannade till
inför Carl von Linné som kom gående.
Närbildsfotografen från Österrike
fann släktband till sin egen trädgård.

Bakom ett plank i Uppsala
möttes växter och människor
för att ge varandra namn och familj.
Alla lyssnade noga på magister Linné.

Sista resan

Hon som vilar under täcket
har en barnhand full av drömmar.
När hon ser på oss i mörkret
lyser stranden vit om kvällen.

Så hon önskar att få vila
med en kappsäck full av drömmar.
Nu hon ser med öppna ögon
vänner stiger upp ur havet.

Breder över rosentäcket,
lägger kudden under nacken.
Det är tid för sista resan
över havet, ut ur tiden.

Skogens sånger

Det hörs en sång ifrån skogen,
den spelar en granmelodi.
Lite mossig och kådig hummar den,
sjunger tungt under barken.

Högst upp i toppen på granen
viskar diskanten en vers.
Däruppe är utsikten lång och klar
och musiken hörs bortom alla åsar.

Här nere vid rötter och stenar
landar skogens sånger vid mina fötter.
Ur markens gömslen stiger
en ton från jordens innandöme.

Trädet har både torn och krypta
där ser jag ut över det stora livet
och ser in i min lilla värld.
Som barn gömde jag mig i granen.

Hoppet

Det sägs att vi lever på hoppet,
och det skulle vara det sista
som överger oss när allt verkar kört.
Men ribban ligger väldigt högt
och staven är förfärligt kort.

När kroppen inte lyder order,
benen förbereder den längsta ansatsen
skosulorna är gjorda av bly
och staven väger hundra kilo,
då tar det emot att slåss för livet.

Vännerna ropar "-kämpa på!"
och många säger att jag klarar det!
Men mitt hopp är att någon bär mig
hela vägen fram till dynan.
När jag faller tar livet själv emot mig.

Efterord

Vi kom hem till ett Värmland som vi lämnade sex år tidigare, för arbete och boende i Grekland. Till vänner som frågade hur det var att flytta tillbaks till Sverige, svarade jag den första tiden att det var så tyst i Karlstad jämfört med det högljudda folklivet i Athen. Sedan vande jag mig vid lugnet och stillheten i närheten till skogen och sjöarna.

Det går att flytta tillbaka men det går inte att återvända. Tiden har gått och det som fanns har förändrats och jag själv är inte heller densamme som när jag reste ut. Det är som det är. Utmaningen ligger i att slå ner tältpinnarna i den värmländska jorden återigen. Låta hemkomsten ta tid. Odla vänskapen med både människorna och landskapet.

Jag ritar och skriver om det vanliga som händer i min vardag. Livet i Karlstad är allt annat än händelselöst. Annorlunda är det, och väl är att livet inte är likadant överallt.

Det är skillnad mellan att titta och att se. Nu försöker jag att reflektera över det jag tittar på och därigenom förstå vad som händer i den lilla världen i min närmiljö. Med pennan och orden ser jag verkligheten tydligare. Livet kommer närmare.

Om författaren

Gunnar Lidén, född 1950, är värmlänning och bosatt i Karlstad. Uppväxten i Årjäng, där pappa Erik var konstnär, uppmuntrade till eget ritande.

Skrivandet och tecknandet blir till dikter och teckningar med reservoarpennan. Det handlar om det vanliga livet som pågår runt fötterna och som inte alltid är så lätt att upptäcka därför att det ligger för nära.

ETT DUSSIN RUSSIN handlar om årets månader och gavs ut 2017 på det egna förlaget Kulturstugan. Flera böcker om livet i Grekland har det blivit de senaste åren. SÅNGER FRÅN BALKONGEN innehåller 17 dikter som tonsatts av Malin Gustafsson och finns utgivna som bok och musik-CD. Dikterna finns också i samlingen OMVÄGAR HEMÅT som utkom 2015. Ett intervjuprojekt, GREKISKA LIVSTYCKEN handlar om 37 svenska kvinnor som gift sig med grekiska män och bosatt sig i Grekland. Berättelserna handlar om hur det var att komma in i den grekiska släkten, om jämställdhet och olika syn på barnuppfostran och mycket mer.

Fler böcker om Grekland; UNDER TAMARISKEN är Gunnars krönikor som varit publicerade i VF - Värmlands Folkblad. GREKISK SALLAD och HALVT KILO RÖTT är dikter och teckningar från åren 2011-2016 och handlar om intryck och uttryck om Grekland.

Kulturstugan

Kulturstugan är Kicki och Gunnars företag med ett blandat innehåll. Vi har gett ut böcker och musik-CD med egna produktioner. Konstutställningar och program-kvällar med musik, dikt och bildspel har fått plats i vår verksamhet. Vårt nya karlstadmönster har blivit tryckt på textila produkter, brickor och skärbrädor. På vår webbsida berättar vi mer om vilka vi är och vad vi gör.

www.kulturstugan.se